LES DOUANES IMPÉRIALES MARITIMES CHINOISES

PAR

HENRI CORDIER

PROFESSEUR A L'ÉCOLE DES LANGUES ORIENTALES

Extrait du *Bulletin du Comité de l'Asie Française*

PRIX : 0 fr. 75

PARIS
AU SIÈGE DU COMITÉ DE L'ASIE FRANÇAISE
19, RUE BONAPARTE, 19

1902

LES
DOUANES IMPÉRIALES MARITIMES
CHINOISES

PAR

HENRI CORDIER
PROFESSEUR A L'ÉCOLE DES LANGUES ORIENTALES

Extrait du *Bulletin du Comité de l'Asie Française*

PRIX : 0 fr. 75

PARIS
AU SIÈGE DU COMITÉ DE L'ASIE FRANÇAISE
19, RUE BONAPARTE, 19

1902

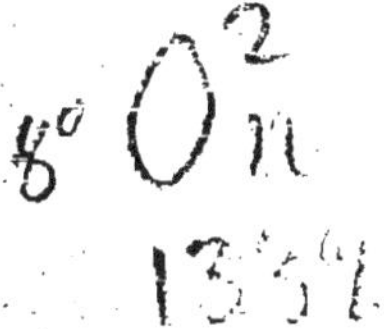

LES DOUANES IMPÉRIALES MARITIMES

CHINOISES

Une circulaire, qui n'émane ni des Douanes Maritimes Chinoises, ni du Comité de l'Asie française, a été distribuée, un peu légèrement il faut bien le dire, aux établissements de l'enseignement secondaire dans les villes de province en France; il en est résulté une avalanche de demandes d'admission dans le service chinois, aussi bien au ministère des Affaires étrangères et au Comité de l'Asie française, que chez M. J. D. Campbell, représentant de sir Robert Hart en Europe (1). Ce dernier a reçu plus de cent lettres accompagnées de demandes, souvent baroques, de renseignements, adressées par des lycéens et des collégiens de toutes les parties de la France; en un seul jour vingt-cinq lettres arrivaient chez M. Campbell des quatre points cardinaux. Le *Bulletin du Comité de l'Asie française* a donné dans son numéro de février des renseignements sur le recrutement dans la carrière des douanes chinoises qu'il est désirable de rectifier sur certains points et de compléter. Je le fais aujourd'hui à l'aide de documents contrôlés par le service même des

---

(1) 26 Old Queen street, Westminster, London, S. W.

douanes qui, s'ils enlèvent quelques illusions à de trop nombreux candidats, indiquent d'une façon sûre au petit nombre de ceux qui peuvent être appelés à faire partie de cette grande administration, les conditions essentielles de l'admission.

Je crois devoir faire précéder ces renseignements d'un court historique de l'établissement des douanes en Chine.

ORIGINE DES DOUANES

L'origine du service des Douanes Impériales Maritimes Chinoises (Imperial Maritime Customs) date de 1854 (1). A cette époque, les rebelles de la Société triade du Petit Couteau, *Siao Tao Houei*, des loges cantonnaise et foukienoise, occupaient la ville indigène de Changhaï; les fonctionnaires chinois avaient abandonné leurs postes; personne n'avait un mandat régulier pour toucher les droits sur les marchandises importées. Les consuls eux-mêmes ne pouvaient guère recevoir que des promesses de payer les droits et pouvaient-ils même légalement percevoir les taxes? Un arriéré énorme se produisait donc dans la perception de la douane. Le 23 novembre 1854, d'après une note du ministre américain, Robert M. Mc. Lane, les droits arriérés, dus par

(1) *China*, n° 1 (1865). *Foreign Customs Establishment in China.* 1865 [3509].

les citoyens des Etats-Unis, montaient à eux seuls à taëls 118.125 8m.4s.1c. « Cependant les consuls d'Amérique et de la Grande-Bretagne, pour arrêter le désordre, décidèrent que les droits seraient acquittés entre leurs mains soit en argent, soit en simples obligations (*promissory notes*). Wou Samqua (le Tao-Taï) ne demanda pas seulement qu'on lui versât les droits perçus, mais manifesta même l'intention de rouvrir la douane dans le local qui y avait été consacré au milieu des concessions étrangères. Toutefois il dut y renoncer devant l'opposition qu'il rencontra, fondée sur cette raison, « qu'attendu l'insuffisance de ses forces « militaires pour se protéger lui-même contre les « insurgés, la colonie deviendrait, par le fait de sa « présence, le théâtre de sanglants conflits dans « lesquels les jours et les propriétés des étrangers « seraient infailliblement exposés ». Le Tao-Taï n'eut pas plus de succès quand il proposa d'établir une douane flottante à bord de l'*Antilope*, navire européen qu'il avait acheté pour augmenter sa flottille : on lui opposa les mêmes objections et les mêmes arguments (1). » Un tel état de choses ne pouvait durer, aussi conclut-on un arrangement par lequel un bureau temporaire des douanes serait ouvert le 13 février 1854, sous la présidence du Tao-Taï de Changhaï. Dans une conférence tenue le 29 juin 1854 entre Wou Tao-taï et les consuls Rutherford Alcock, B. Edan et R. C. Murphy des trois puissances ayant des traités avec

(1) Arthur Millac, dans la *Revue de l'Extrême-Orient*, II, p. 10.

la Chine, c'est-à-dire l'Angleterre, la France et les Etats-Unis, ils rédigèrent les articles au nombre de neuf qui leur semblaient nécessaires pour une meilleure organisation du service des douanes. Pour exercer sur les douanes un contrôle devenu nécessaire et pour reviser les règlements douaniers d'août 1851, on nomma une commission des représentants des consuls composée de : T. F. Wade, vice-consul d'Angleterre, le capitaine Cart, attaché à la légation des Etats-Unis et Arthur Smith, interprète du consulat de France ; le traitement de ces inspecteurs fut fixé à 6.000 piastres (plus de 30.000 francs) pour chacun, sans compter les frais de service. La nouvelle douane commença à fonctionner le 12 juillet 1854. Le système ayant donné de bons résultats, on se décida à l'appliquer aux autres ports ouverts au commerce, tout d'abord à Canton, en octobre 1859, avec l'approbation du vice-roi des deux Kouang, Lao Tsoung-kouang. (Voir traités de Tien-tsin, 1858.) Les pouvoirs du fonctionnaire (*Haï Kouan*) si connu des étrangers au XVIIIe siècle, sous le nom de *Hoppo*, étaient ainsi singulièrement transformés. Chan-T'éou (*Swatow*) fut ouvert en février 1860 ; Tchen-kiang sur le Yang-tsé, en avril, Ning-po, en mai 1861, Tien-tsin, le même mois, reçurent des commissaires. La même année, en juillet, Fou-tcheou, et en décembre Hankeou et Kieou-kiang sont ouverts à leur tour; en avril 1862, Amoy ; en mars 1863, Tché-fou ; en mai, Tamsoui et Kiloung; puis en septembre, Takao, dans l'île Formose, et enfin en mai 1864,

Nicou-Tchouang, complètent le chiffre de quatorze bureaux de douanes ouverts à la fin de 1864 (1).

En fait, l'administration des Douanes Maritimes Chinoises étant confiée à un service spécial du gouvernement impérial, service qui est connu sous le titre de « Inspectorat général des Douanes Impériales Maritimes Chinoises » dans lequel des étrangers furent employés aux termes de l'article 46 du traité anglais de Tien-tsin de 1858 et de l'article 10 des conditions du Tarif du 8 novembre 1858. Il n'y a pas dans le traité français de Tien-tsin de clause semblable à celle de l'article 46 du traité anglais, mais les conditions du Tarif furent acceptées par les plénipotentiaires français et américain et signées le 28 novembre 1858 par le plénipotentiaire français.

FONCTIONNAIRES DES DOUANES

A la tête du service est placé un inspecteur général. Nous avons dit plus haut qu'à l'origine, à Changhaï en juillet 1854, les droits de douanes étaient perçus par les trois consuls. Antérieurement, depuis septembre 1853, le consul d'Angleterre, Rutherford Alcock, auquel est due l'initiative de la création du nouveau service des douanes, avait servi d'intermédiaire à ses compa-

(1) Extrait de l'*Histoire des Relations de la Chine*, par HENRI CORDIER, I, pp. 158-159.

triotes; il s'était fait représenter dans le triumvirat par son vice-consul Thomas-Francis Wade qui, à son tour, céda au bout d'un an (1er juin 1855) la place à l'interprète Horatio Nelson Lay. La France et les Etats-Unis ayant cessé de nommer des représentants, M. Lay resta seul. L'extension du système des douanes de Changhaï aux autres ports devait conduire à l'unité de direction et c'est ainsi que Lay, nommé par le gouverneur général des deux Kiang, devint inspecteur général des Douanes Maritimes. Le Tsong-li Yamen, depuis sa création en 1861, avait dans ses attributions la nomination de ce haut fonctionnaire qui lui adressait ses rapports pour être remis au ministère des Finances (*Hou-Pou*) ; il est vrai qu'il n'a eu qu'une fois à exercer cette prérogative en faveur de M. Robert Hart.

L'administration des Douanes est confiée à quatre services (*Departments*) : 1° le Revenu (*Revenue Department*); 2° la Marine (*Marine Department*; 3° l'Education (*Educational Department*; 4° les Postes (*Postal Department*).

En 1901, ce dernier département comprenait 65 employés étrangers et 882 chinois; le secrétaire des postes est un Français, M. A.-T. Piry; les chefs de bureaux sont des employés du service intérieur; restent donc les emplois subalternes. Je laisse de côté la Marine et l'Education, services techniques. C'est en réalité au premier département (*Revenue*) que les candidats cherchent un emploi. Ce Département comprend un service intérieur (*In-door Staff*), un service extérieur *(Out-door Staff)*, un service de la Côte *(Coast-Staff)*, étrangers et Chinois comprenant en 1901, 876 étrangers et 3.681 Chinois. Le service extérieur (551 étrangers) est principalement recruté *sur place*, surtout parmi les marins des différentes nationalités. On comprend dès lors que les demandes visent exclusivement le service intérieur *(In-door Staff)*. Nous allons l'examiner.

Le service intérieur comprenait, en 1901, 279 employés européens sur lesquels 12 sont de simples commis sans chance d'avancement; restent 267 employés ainsi répartis par nationalités :

Anglais	139
Français	31
Allemands	25
Américains	16
Russes	11
Italiens	8
Norvégiens	6
Japonais	6
Portugais	6
Danois	4
Autrichiens	4
Hollandais	4
Belges	4
Espagnols	2
Hongrois	1
	267

Depuis la publication de l'Annuaire de 1901, nous savons que 15 jeunes gens sont entrés dans le service, ainsi répartis par nationalité : Anglais, 4 ; Français, 5 ; Allemands, 5 ; Italien, 1 ; ce qui fait un total, pour le chiffre actuel des employés du service intérieur, de 294 ; mettons 300 en chiffres ronds. Or on a calculé qu'un employé des douanes reste environ 30 ans dans le service, cela fait une moyenne de *dix places vacantes par an*, à répartir entre plus de *quinze* nations ayant des traités avec la Chine.

Ces chiffres sont assez éloquents; la conclusion s'impose d'elle-même : il n'y a pas place pour une *cohue* de candidats, mais seulement pour une petite élite. Il est donc peu sage, pour ne pas dire plus, d'entretenir chez des collégiens des illusions qui leur prépareraient d'amers réveils.

SIR ROBERT HART, BART.

Le service des Douanes Chinoises est dirigé par l'inspecteur général, l'I. G. comme le désignent ses subordonnés, Sir Robert Hart, véritable autocrate, qui dispose seul de toutes les places et auquel les candidats doivent adresser directement leurs demandes.

Le trait caractéristique du service, c'est qu'il a à sa tête un seul chef qui est nommé par le gouvernement chinois; il est le seul fonctionnaire choisi de la sorte, mais sa commission, munie du sceau du Tsong-li Yamen, l'autorise à prendre les agents qui serviront sous ses ordres. Lord Clarendon était hostile à toute intervention des consuls britanniques dans le choix des employés anglais des douanes. Lord Elgin, plénipotentiaire anglais, écrivait le 8 février 1862 à M. Layard au sujet du traité de Tien-tsin et du Tarif :

« The stipulation that an uniform system of collection was to be gradually introduced at the several open ports, and the omission of the clause requiring Her Majesty's Consuls to exercise over Her Majesty's subjects a control in Custom-House matters, from which the subjects of other Treaty Powers were exempt, coupled with the large reductions in the Tariff rates of duty, and the opening up of the whole seaboard of China and of the banks of the more important navigable rivers to trade, were held to be advantages of no mean order. To the best of my recollection it never was suggested to me that I should use the power I possessed to compel the Chinese government to divest itself of its power of enacting regulations for the protection of its revenue, and of imposing penalties for the breach of such regulations. Had such a suggestion been made, I should have been obliged to disregard it, because I could not have acted upon it without contravening one of the most essential principles of the policy prescribed to me by Lord Clarendon. »

Robert Hart, né le 20 février 1835, à Portadown, dans le comté d'Armagh (Irlande), fut élevé à Queen's University, Belfast, et obtint son diplôme de Bachelier-ès-Arts en 1853 et celui de Maître-ès-Arts, M. A. *hon.-causâ*, en 1871; il est aussi LL. D. de Queen's University, 1882, et de Michigan, Etats-Unis. D'abord interprète surnuméraire de la surintendance du commerce à Hong-Kong (mai 1854), près du consulat britannique à Ning-po (octobre 1854), assistant-interprète dans le même port (juin 1855), puis second assistant à Canton (mars 1858), il remplit les fonctions de secrétaire des Commissaires alliés pour l'administration de la ville de Canton (avril 1858). Interprète du consulat anglais à Canton (mai 1859), il obtient la permission d'entrer dans les douanes chinoises où il est promu d'emblée député-commissaire dans cette ville (juin 1859); pendant l'absence de Lay, il remplit (avril 1861-mai 1863), avec M. Fitz-Roy comme collègue, les fonctions d'inspecteur général. Nommé commissaire à Changhaï avec la charge des ports du Yang-tsé et de Ning-po (avril 1863), il remplaça H.-N. Lay, trois mois plus tard, définitivement (novembre 1863). L'Angleterre qui sait récompenser les bons services, en a fait un Grand Croix de Saint-Michel et Saint-George, G. C. M. G. (1889) et un Baronet (1893); la Chine lui a donné le globule rouge de la première classe des fonctionnaires (1881), l'a décoré de la première classe de la seconde division du Double Dragon, et de la Plume de Paon (1885) et a anobli trois générations de ses ancêtres avec le rang de la première classe du premier ordre; récemment il a reçu le titre honorifique de *Cha-Pao*, second tuteur de l'héritier présomptif, qui, à ma connaissance, n'avait jamais été décerné à un étranger.

Sir Robert Hart a reçu les distinctions suivantes des gouvernements étrangers : *France :* commandeur de la Légion d'Honneur, 1878; grand officier, 1885; *Belgique :* commandeur de l'Ordre de Léopold, 1869; grand officier, 1893; *Suède et Norvège :* chevalier de l'Ordre de Vasa, 1870; chevalier grand croix de l'Etoile Polaire, 1894; *Autriche-Hongrie*, chevalier commandeur de l'Ordre de François-Joseph, 1870; grand croix, 1873; *Italie :* grand officier de la Couronne, 1884; *Saint-Siège :* commandeur de l'Ordre de Pie IX, 1885; *Portugal :* grand croix de l'Ordre du

Christ, 1888; *Pays-Bas* : grand croix de l'Ordre d'Orange-Nassau, 1897; *Prusse* : Ordre de la Couronne, 1re classe, 1900.

Sir Robert Hart a été nommé, en mai 1885, envoyé extraordinaire et ministre plénipotentiaire d'Angleterre en Chine et en Corée ; il donna sa démission au mois d'août 1885, pour rester comme Inspecteur Général dans le service chinois.

***

La note suivante, probablement modifiée récemment, a été publiée il y a deux ans et demi; elle explique les principes suivant lesquels les nominations sont faites dans le service intérieur des douanes :

ADMISSION AU SERVICE CHINOIS DES DOUANES

Service intérieur.

MEMORANDUM

1. — Les nominations dans le service intérieur des douanes chinoises sont faites directement par l'Inspecteur Général, et tout sujet de la nationalité de toute puissance ayant un traité est admissible.

2. — L'Inspecteur Général nomme seulement ceux qu'il connaît ou qui lui sont suffisamment bien recommandés en ce qui regarde les antécédents et la conduite. Les candidats doivent adresser eux-mêmes directement leur demande à l'inspecteur général, lui envoyant en même temps les recommandations et les certificats qu'ils désirent présenter, ainsi que leur photographie.

3. — L'âge des candidats est de 19 à 23 ans.

4. — Les candidats doivent être célibataires. Le service n'a pas le moyen de fournir une installation de maison pour des jeunes gens mariés.

5. — Tous ceux qui sont désignés à des emplois sont soumis à une épreuve justifiant de leur aptitude et de leur éducation. Il n'y a pas de sujets spéciaux d'examen, sauf que la connaissance de l'anglais, de l'arithmétique, de la géographie et au moins d'une autre langue moderne est requise. Outre ces sujets, les candidats admissibles seront examinés sur tels autres sujets qu'ils choisiront. En pratique, le candidat devra être socialement et par son éducation au moins égal à la moyenne des plus hauts grades des employés civils des contrées d'Europe.

6. — Dans le cas où il se présenterait plus de candidats qu'il n'y a de places, l'Inspecteur Général peut, comme il l'a fait jusqu'ici, faire passer un examen de concours aux candidats et donner les places à ceux qui seront les plus heureux dans cette épreuve.

7. — Il est fait un examen médical de tous les candidats. Ils doivent donner la preuve d'une intelligence générale, être exempts de toute maladie organique et n'avoir aucun germe de maladie de poitrine, de cœur ou de faiblesse héréditaire. Le bégaiement et la claudication sont des clauses d'exclusion, de même qu'un défaut sérieux dans la vue.

8. — Une indemnité suffisante pour payer le passage à la Chine est donnée aux candidats qui sont engagés en Europe. La somme allouée à cet effet est actuellement de 100 livres sterling.

9. — Les jeunes gens nommés sont surveillés d'une manière spéciale pendant leurs premières années de service pour juger de leur conduite, de leur tenue, de leur aptitude à remplir leurs fonctions et de leur zèle dans l'étude de la langue chinoise, qui est essentielle. Dans le cas où ils seraient sous l'un de ces rapports des employés ne donnant pas satisfaction, l'Inspecteur Général se réserve le droit de les renvoyer.

Inspectorat général des douanes, Pékin, 30 décembre 1899.

***

La note suivante indique les conditions d'admission et du service :

MEMORANDUM

Explicatif des conditions d'entrée dans les douanes maritimes impériales chinoises.

1. — Toute nomination dans le service dépend de la seule volonté de l'inspecteur général, Sir Robert Hart, Bart., G. C. M. G.

2. — Le cadre étranger placé sous les ordres de l'inspecteur général des douanes comprend des sujets des différentes puissances liées à la Chine par un traité.

3. — Pour être admis comme 4e assistant, C., il faut être âgé de 19 ans au moins et de 23 ans au plus.

4. — Le candidat doit être apte au service en Chine, c'est-à-dire : n'avoir pas plus de 23 ans ; — posséder une instruction convenable ; — se trouver dans de bonnes conditions physiques (on se montre surtout exigeant pour la vue et l'ouïe) ; — et être capable d'occuper un pupitre anglais dans un bureau [parler et écrire l'anglais qui est la langue usitée dans le service des douanes].

5. — Suivant la lettre de nomination qui est donnée par l'inspecteur général au 4e assistant, C., celui-ci, d'après les conditions générales du service, pourra être appelé à remplir les occupations des douanes aussi bien comme employé de bureau (*in-door staff*) que comme employé pour le service extérieur (*out-door staff*) et s'il aspire à un degré supérieur et à un traitement plus élevé, il devra acquérir la connaissance de la langue chinoise ainsi que des usages et des coutumes du peuple chinois. Le service est un département du service civil de la Chine, ses membres étant employés du gouvernement chinois et non les subordonnés d'aucun autre gouvernement ; ils ne sont pas

employés pour aucun temps spécifié, mais l'acceptation d'un emploi implique l'acceptation des statuts et des règlements du service.

6. — Il y a une allocation de *100* livres sterling pour le voyage, et les appointements commencent en Chine à raison de 1.200 haïkouan taëls par an. La valeur du haïkouan taël varie suivant le taux courant du change; en moyenne, elle était, en 1898, de 2sh. 10d. 5/8, en 1899 de 3sh. 0d. 1/8, et en 1900, de 3sh. 1d. 1/4. En outre de ces appointements, chaque assistant est logé (non meublé) ou reçoit à la place une indemnité. Si l'assistant quitte de sa propre volonté le service avant l'expiration de cinq ans de service effectif en Chine, il est tenu de rembourser les *100* livres sterling qui lui avaient été allouées pour son passage.

7. — Le traitement d'un 4e assistant, C., est de 1.200 haïkouan taëls. (Les anciens traitements en argent, — qui s'élevaient suivant les grades pour les commissaires de 4.800 à 9.000 haïkouan taëls, — ont tous été augmentés.

8. — La promotion dans le service dépend :

a) des vacances qui peuvent se produire;

b) des progrès réalisés par l'intéressé dans l'étude du chinois;

c) de la conduite et des aptitudes de l'intéressé.

9. — Les agents ne sont pas retraités, mais d'après les règlements actuels, une allocation d'une année de traitement peut être donnée au gré de l'inspecteur général après chaque période de sept années de service.

10. — A la fin de la première période de sept ans de service, et dans la suite, après une période de cinq ans, un congé de deux ans, à demi-solde, pourra, suivant le présent règlement, être accordé, si les besoins du service le permettent.

***

La note suivante indique les conditions de l'examen des candidats qui ont reçu de l'Inspecteur Général leur nomination :

MEMORANDUM

Explicatif des examens d'entrée dans l'administration du service des douanes chinoises.

1. — Avant que l'examen n'ait lieu, le candidat devra produire un certificat médical à l'effet de prouver qu'il n'a aucun défaut dans la vue, la parole ou l'ouïe; qu'il est exempt de toute maladie, affection constitutionnelle ou infirmité corporelle, qui pourrait probablement le gêner dans l'accomplissement exact de ses devoirs officiels, et que, au point de vue de la santé, il est parfaitement propre au service en Chine.

2. — Il y aura un examen préliminaire d'épreuve pour l'écriture, la dictée, la grammaire et l'arithmétique. Tout candidat qui ne réussirait pas à passer cet examen d'une manière satisfaisante sera disqualifié pour l'examen final, qui a spécialement pour but de s'assurer des mérites de chaque candidat relativement à ses connaissances, son intelligence et ses chances d'avenir. Les sujets de l'examen final ou de l'examen d'épreuve de l'instruction sont partie obligatoires et partie facultatifs.

I. — *Obligatoires.*

a) Langue anglaise.
b) Eléments d'histoire moderne.
c) Géographie.
d) Composition et précis.
e) Tenue de livres en partie double.

II. — *Facultatifs.*

Le candidat peut choisir n'importe quels sujets, plus spécialement français et allemand, afin de prouver qu'il a reçu une éducation convenable. On tiendra un plus grand compte d'une profonde connaissance de quelques sujets que d'un savoir superficiel d'un grand nombre.

RECRUTEMENT

On verra d'après le memorandum relatif aux examens que l'on ne cherche pas à faire atteindre aux candidats un niveau spécial d'instruction. L'éducation que l'on nomme en général *libérale*, c'est-à-dire celle que doit recevoir tout homme pour faire son chemin dans le monde, est tout ce que l'on demande; en sorte que si un jeune homme s'est préparé soit à la carrière des armes, soit à la marine, au droit, à la médecine, aux travaux d'ingénieur, soit à toute autre profession honorable, il ne se rend ainsi nullement impropre au service des douanes. Mais l'on recherche aussi bien les avantages physiques que les qualités intellectuelles, et l'on désire des hommes dignes de confiance, honnêtes, travailleurs et possédant du sang-froid et du bon sens.

Quand un candidat est inconnu de Sir Robert Hart, il doit naturellement fournir à l'appui de sa demande des recommandations émanant d'une personne connue de l'Inspecteur Général officiellement ou en particulier, ou dont la réputation ou le nom ou la position soit une garantie suffisante pour la recommandation.

Lorsque Sir Robert Hart désigne un candidat en Europe, il en informe M. Campbell, dont c'est le devoir d'exécuter les instructions relatives à l'examen et de décider si le candidat est ou n'est pas apte au service. Il est préférable que les candidats adressent *directement* leur demande à Sir Robert Hart.

L'examen littéraire peut être remplacé par le diplôme d'établissements comme l'Ecole des langues orientales vivantes, l'Ecole coloniale, etc. Si les candidats sont trop nombreux, il est alors nécessaire d'ouvrir un concours; c'est ce qui est arrivé récemment quand 39 jeunes gens se sont présentés pour 6 places vacantes.

AVANCEMENT

Le service intérieur des douanes comprend dans ses 279 employés : 1 inspecteur général, 1 inspecteur général adjoint, 40 commissaires (directeurs), 19 commissaires adjoints, 1 principal assistant, 18 premiers assistants, 35 deuxièmes assistants, 40 troisièmes assistants, 100 quatrièmes assistants, 12 commis (Clerks), 12 divers.

Jusqu'à l'année dernière, les assistants étaient divisés en deux classes A et B; pour accélérer les promotions, ils seront dorénavant répartis en trois classes A, B et C. Les traitements commençaient à hk. tls. 900 et suivaient l'échelle suivante jusqu'aux commissaires qui étaient en 1901 au nombre de 40 dont 21 Anglais, 7 Américains, 4 Allemands, 3 Français, 1 Hongrois, 1 Norvégien, 1 Belge, 1 Russe, 1 Danois :

4ᵉ Assistant	B.........	hk. tls.	900
»	A.........	»	1.200
3ᵉ Assistant	B.........	»	1.500
»	A.........	»	1.800

2e Assistant B..........	hk. tls.	2.100
» A..........	»	2.400
1er Assistant B..........	»	2.700
» A..........	»	3.000
Principal assistant......	»	3.600
Commissaire adjoint.....	»	3.600 à 4.200
Commissaire............	»	4.800 à 9.000

A cause de la dépréciation de l'argent, les traitements commenceront désormais à hk. tls. 1.200 au lieu de 900 et suivront une augmentation progressive suivant les grades.

L'avancement est dû naturellement à l'intelligence, au travail, à l'assiduité et à la bonne conduite, mais surtout aux progrès dans la langue chinoise; un assistant qui ne possède pas cette langue à fond n'a aucune chance d'arriver au grade de commissaire.

Dans les dernières promotions, les plus heureux parmi les commissaires adjoints ont été nommés commissaires au bout de 18 ans de service dans les douanes, mais la plupart ont attendu 22, 24, 28 et même 29 ans ce haut emploi.

J'espère que ces quelques renseignements pourront donner une idée exacte du service des douanes impériales maritimes chinoises, des conditions dans lesquelles on peut y être admis, et de l'avancement que l'on y peut obtenir.

Henri Cordier.

Paris, 15 mai 1902.

PARIS.— IMPRIMERIE F. LEVÉ, 17, RUE CASSETTE.

PARIS. — IMPRIMERIE F. LEVÉ, RUE CASSETTE, 17.

www.ingramcontent.com/pod-product-compliance
Ingram Content Group UK Ltd.
Pitfield, Milton Keynes, MK11 3LW, UK
UKHW022156260726
13993UKWH00005B/2402

9 782019 951597